Dealing with Feeling Series
兒童情緒管理系列③

我好得意

I'M PROUD

Elizabeth Crary ◆ 著   Jean Whitney ◆ 繪圖

林玫君 ◆ 譯

譯者簡介

林玫君

現任
國立臺南大學藝術學院院長
國立臺南大學戲劇創作與應用學系專任教授
International Journal of Education & the Arts 戲劇教育主編
Research in Drama Education（SSCI）編輯顧問
台灣戲劇教育與應用學會理事長

學歷
美國亞歷桑那州立大學課程與教學組學前教育博士
美國亞歷桑那州立大學戲劇教育碩士

經歷
國立臺南大學戲劇創作與應用學系創系主任
教育部幼兒園美感及藝術教育扎根計畫主持人
教育部幼托整合國家課綱美感領域主持人
教育部師資培育之大學藝術領域教學研究中心（中學組）設置計畫主持人
國立臺南大學幼兒教育學系教授兼系主任
香港幼兒戲劇教育計畫海外研究顧問
英國 Warwick 大學訪問學者
美國華府 George Mason 大學訪問學者

論文及譯 / 著作
幼兒美感暨戲劇教育及師資培育等相關論文數十篇及下列書籍：
《兒童戲劇教育之理論與實務》（著作，心理，2017）
《兒童戲劇教育：肢體與聲音口語的創意表現》（著作，復文，2016）
《幼兒園美感教育》（著作，心理，2015）
兒童情緒管理系列（譯作，心理，2003）
兒童問題解決系列（譯作，心理，2003）
兒童自己做決定系列（譯作，心理，2003）
《在幼稚園的感受：進森的一天》（譯作，心理，2002）
《創作性兒童戲劇入門：教室中的表演藝術課程》（編譯，心理，1995）
《創作性兒童戲劇進階：教室中的表演藝術課程》（合譯，心理，2010）
《酷凌行動：應用戲劇手法處理校園霸凌和衝突》（合譯，心理，2007）
《創造性戲劇理論與實務：教室中的行動研究》（著作，心理，2005）

「情緒」是人類與生俱有的本能與特點，它是一種複雜又難以用言語形容的生理反應及心理感覺。無論對大人或兒童而言，如何了解及面對自己的情緒是一件重要的事。多數的人都能接受正面的情緒如快樂、高興、喜悅或驚喜；但許多負面的情緒如生氣、悲傷、害怕或焦慮等反應，卻讓人難以接受。因此，當我們聽到孩子哭的時候，常常急著平撫：「乖乖，不要哭。」再不然，就斥責小孩：「哭什麼哭，有什麼好哭的？」當耐心磨盡時，更會威脅著說：「再哭，我就叫警察來抓你了！」通常孩子會愈哭愈大聲，不然就是被迫停止哭泣，但心中的不解與情緒的震撼，始終未被適當地疏導或解決。勉強壓抑的情緒終究會繼續發生，就像是個不定時炸彈，不知何時又會爆發。

許多負面的情緒常是因著一些生活上的問題或衝突未獲解決而產生。在面對孩子的麻煩時，大人常常以簡化的方式來擺平問題，例如在家中或教室裡，我們常會聽到成人要肇事的孩子以「對不起」、「用說的」、或是「下次不可以這樣」來解決問題。而有些大人則認為，孩子應該學著去解決自己的問題，因此，當衝突發生時，就告訴孩子：「我不管，你們自己去處理。」問題是——大人從來沒有提供任何的引導，孩子怎麼知道他可以如何解決當下發生的問題？

從小就很少有人教導我們如何去面對、接受或處理一些複雜難過的情緒與問題。多數人一直被教導著要「知禮守份」，只要乖乖聽話或用功讀書就好，其他的一概不用管，也不需要學。在生活中，「生氣罵人」是大人的權利；而「害怕」、「哭泣」是小Baby的行為。當生氣難過時，我們已經習慣去壓抑這些大人所認為的「不恰當」反應；而當麻煩出現時，我們也學著去忽略或者簡單處理這一些問題。漸漸地，當我們成為父母、為人師表時，在面對孩子的情緒反應及問題行為的當下，我們也不自覺地運用同樣的方法去壓抑這些負面的情緒及生活中的問題。

在今日瞬息萬變的社會中，孩子更是提前面對各類複雜的情緒與問題。家長與教師在處理這些狀況時，不能再如以往，用逃避或壓抑的態度來面對，他們更需要提供孩子各類的機會去了解自己的情緒且學習如何解決因應而生的問題。本書作者Elizabeth Crary就針對這個部分的需要，提供她個人的專業經驗。作者利用故事情境，為成人及孩子提供一個互動討論的空間。透過故事中的替代經驗，孩子得以發現不同的情緒表達方式與不同的行動所產生的後果。除了直接的討論外，筆者也建議成人利用戲劇扮演的方式來引導幼兒。藉此，幼兒更能深刻體認劇中人物的遭遇，並藉此來探討與自己有關的情緒經驗和社會問題。

林玫君

情緒的處理

────────────

為什麼要寫一本與「得意」有關的書？

許多家長常請我幫忙處理孩子情緒上的問題。主要原因有二：一、很多人從小就被教導去忽略自己的感覺，而當他想要以不同的方式來養育自己的孩子時，實在不知道要怎麼辦。二、從小我們就被教導要保持謙虛的態度，不要以自己的成就感到自滿得意。一般人總是認為「得意」是一種吹噓或是誇大的行為，卻不認為這是一種健康的「自我表現」。

這本書怎麼幫助家長？

《我好得意》這本書可以幫助孩子接受自己的情緒，且學習如何回應自己的情緒。

這本書示範家長如何運用建構的過程來處理失望的感覺。其中呈現一位家長如何以開放的態度和孩子討論感覺的過程。故事也為幼童提供各種不同的選擇，透過口語、肢體動作、及各種創意的方式，來表達自我的情緒。此外，本書也為一些想要改變自己，來回應孩子情緒的家長，提供正面示範。

要如何使用這本書呢？

如果能夠經常使用本書且時間夠長，它的效果會更好。如果只讀一、兩次，可能不會有太大的改變。但是你可以開始幫助孩子，將書中的故事轉換成現實生活中的真實情況。

▶ 幫助孩子分辨感覺和行動的不同

一起讀這本書，然後讓孩子決定其中的選擇方式，在每一頁的最後，你可以問孩子：「曼曼現在覺得怎麼樣？」「她下一步會怎麼做？」接著下一頁會有更多與情緒相關的討論。

▶ 介紹不同的選擇方案

孩子需要不同的方法來處理個別的情緒問題。這個故事提供了九個不一樣的點子。當你讀完書的時候，可問你的孩子：「曼曼還可以怎麼做？」然後你可以把你孩子的反應寫在最後一頁的想法欄上。

▶ 以這本書為基礎來討論其他的情況

開始時可以討論一些發生在別人身上的事情。要孩子先認出當中的情緒，再討論他們所做的選擇。與孩子談話時，盡量避免用評斷的態度，可以幫助孩子用收集訊息的角度切入。

例如：有一個叫做泰安的男孩畫了一幅畫要爸爸欣賞，可是爸爸忙著和媽媽講話而沒有注意到他的畫。此時可以問孩子：「當泰安的爸爸沒空欣賞他的畫，他有什麼感覺？」「他覺得失望時，先做了什麼事？」「還可以做什麼事？」可能的答案如：「再一次打斷爸爸；繼續等待，或放棄。」

當孩子面對別人的問題，能夠客觀地把感覺和行為分開討論時，你也可以同樣的態度，來討論孩子自己所做過的事情。

Elizabeth Crary

西雅圖／華盛頓

情緒和父母親的角色

身為一位老師或家長，你的角色就是要幫助孩子了解和處理自己的情緒問題。孩子的情緒需要得到認可；同時，他們也需要得到一些和情緒有關的訊息，及如何處理這些問題的方法。下面將一一說明：

_____

一、發展一套描述情緒的字彙

有時候孩子會為一些強烈的情緒所困擾。若想深入了解，最簡單的方式，就是開始為這些「情緒」命名。例如：

- 分享你的感覺：「我覺得很得意，因為我把所有的作業都做完了。」
- 跟孩子們一起閱讀與情緒有關的書，如本系列相關的書。
- 觀察他人的情緒，例如：「我打賭，他一定會以他得到A⁺的成績自豪。」

此外，為孩子介紹用不同的語彙，來表達一些相關的情緒和感覺，例如：發火、生氣、惱怒、不安等字眼。

二、幫助孩子分辨情緒和行動的差別

了解情緒並沒有好壞之別。「感覺生氣」並不表示「好」或「不好」。但是「打人」卻是一種行為，「打人」就是不能被接受的。你可以說：「你生氣沒有關係，但是我不能讓你打妹妹。」

三、接受且強化孩子自己的情緒

大部分的人都已經被訓練成忽略或壓抑自己的情緒，例如女孩子常常被教導：「『生氣』不是女生該有的行為，那很不恰當。」而男孩子就會被教導「不可以哭」。你可以透過傾聽和回應，來認可孩子的任何感覺。單單傾聽就好，不要隨意做判斷，應該把兩件事分開處理。要記得，孩子的感覺是屬於他們自己的。

當你回應孩子的感覺時，例如：「你很生氣，因為心怡現在就得回家了！」你並不是想要去解決這個問題，而是透過回應來知會孩子的情緒狀態，進一步幫助他們處理自己的問題。

四、提供孩子多樣處理情緒的方法

如果大部分的孩子，能如你所意，用「說」的方式來表達自己的情緒，大人就省掉許多處理兒童情緒的麻煩了。但是孩子需要各式各樣的方式來反映自己的情緒，不論透過聽覺的、肢體的、視覺的、創造的、或者是自我安慰的方式。一旦孩子對各式各樣的情緒表達，有了親身的體驗後，你就可以問問他們喜歡運用哪一種方式。

例如：「你現在要生氣嗎？」「還是想要改變你的情緒？」如果你的孩子想要改變，你可以說：「那你要怎麼做呢？我們看看，你可以繞著那些積木跑來跑去，或者是寫一張卡片寄給心怡，或者談談這些感覺，或者讀你最喜歡的故事書。」在你為孩子提供這些不一樣的點子時，讓孩子選擇合乎自己需要的方法。基本上，所有的孩子都需要覺得自己的情緒被認可接受。

五、也請你溫柔地對待自己

記得哦，有一些問題很快就能夠被解決，而有些其他的問題，需要花上比較長的時間和反覆的練習。為你的孩子和自己所想要的目標，勾勒出一份長遠的計畫。在過程中可以不斷地提醒自己，你已經做的努力和進步。

曼曼醒來了，她聽到窗外的鳥鳴。她知道：「今天將會是美好的一天。」她很快地把衣服穿起來，然後興奮地坐下來穿上鞋子。

可是她臉上的笑容逐漸消失，因為她不會繫鞋帶，她真的很想學怎麼繫鞋帶，但是她就是沒辦法把手指頭弄對。

因為舊的鞋子上面是自黏的母子帶，所以非常容易穿脫，但是她的新鞋子有紅色的鞋帶，她很想自己把它綁起來。媽媽說：「需要的時候，可以去找人幫忙。」但是她實在不想要找別人幫忙。

曼曼又聽到鳥的叫聲了，好像在跟她說：「再試試看、再試試看！」

「好吧，」她說。「我會試試看的。」「好，現在看看把右邊的線搭到左邊的線，穿下去，然後再繞一個圈圈。」她一面穿，一面自己說。

她不斷地試，可是每一次她都覺得好失望。「每個人都可以自己繫鞋帶，就只有我不會。」曼曼心裡想。她的哥哥可以自己繫鞋帶，她的姊姊也會自己繫鞋帶，還有她最好的朋友蜜蜜和瑞明都會自己繫鞋帶。

「曼曼，吃早餐囉！」媽媽叫著。當她站起來的時候，她又聽到那隻鳥兒唱著：「再試試看、再試試看！」

「好吧，」她又對自己說：「再試一次。」她坐下來很小心地把所有的步驟再慢慢地做一遍，「右邊壓到左邊，然後從下面穿過去，打一個圈圈，然後右邊再穿過左邊，然後再打結。」

「哇！成功了、成功了，我真的做到了！我真的做到了！」她很興奮地大叫。

她飛快的跑去向家人報告。

她第一個看到的是哥哥。「哥哥，今天早上我會自己繫鞋帶了耶！」

　　哥哥說：「那也沒什麼了不起，每個人都會繫鞋帶啊！」

　　「可是，那很重要耶，」她要開始解釋時，哥哥已經跑到浴室去了。曼曼只得轉過身走下樓去吃早餐。

　　「媽媽、媽媽，妳看，我會自己繫鞋帶了，是我自己繫的哦！」她很興奮地說。

　　「喔，那很好啊，親愛的。」媽媽回答。「現在快一點，把妳的早餐吃完，這樣上學才不會遲到。」

　　「但是媽媽，我會自己繫鞋帶了。」曼曼又重複一次。

　　「是啊，親愛的，」媽媽回答：「妳可以等我有空的時候，再告訴我。」

　　曼曼坐在椅子上，她心裡難過地想：「媽媽一點都不在乎。」

　　當她去學校的時候，她開始想著今天發生的事情，她沒有注意自己到底走哪一個方向。曼曼碰到了鄰居阿姨，她正在人行道旁邊剪花。

「天啊！曼曼，妳看起來好像天要塌下來的樣子，到底發生什麼事了？」她問。

「我今天早上突然發現我會自己繫鞋帶了，可是都沒有人在乎。」

「喔！那真令人難過，那妳想要怎麼樣呢？」鄰居阿姨問她。

「我也不知道，那我可以做什麼呢？」曼曼回答。
「我想你可以做一些事啊。你可以——

你看這麼多好的建議，有沒有哪一個你覺得不錯的？」

你覺得曼曼會先試哪一個方法呢？

請翻到孩子所選的那頁，如果沒有人建議的話，那就繼續讀這個故事。

問問別人的意見

曼曼看到瑞明就在前面，於是追上他，除了蜜蜜之外，他是她最好的朋友。「瑞明，如果你覺得自己很棒的時候，你會做些什麼事呢？」她問他。

「嗯，昨天我在學校運動場投籃成功的時候，覺得很棒，所以我就一面拍手一面跳來跳去，表示我很快樂。」他說。

「那其他人會做些什麼事呢？」曼曼問他。

瑞明想了一會兒，然後告訴她：「如果是我媽媽的話，她比較奇怪。她會自己轉圈圈，然後一鞠躬，對自己說：『我很棒。』而我姊姊會叫她的朋友來。就像她剛考到駕照的時候，她把她的朋友找來，然後告訴大家。而且她打了好幾個小時的電話，幾乎告訴了所有認識她的人呢！」

「如果他們不聽呢？」曼曼問。

「我覺得那也沒有關係啊，」瑞明說。「反正她覺得自己很棒嘛，就算別人不在乎，她還是覺得自己很棒。」

「我的表弟小強，當他覺得自己很棒的時候，他喜歡把它畫出來，而且放在一個盒子裡。他說，這樣子的話，以後他如果需要那種很棒的感覺時，他就可以把它從盒子裡拿出來看一看。」

你覺得曼曼會怎麼做呢？

遊行 ⋯⋯⋯⋯⋯⋯⋯⋯ 第16頁

做一個感覺盒 ⋯⋯⋯⋯⋯⋯⋯⋯ 第26頁

14

遊行

「瑞明，我想現在就做一點事。」她告訴瑞明。「我可以轉一圈然後跳上跳下，或者我們也可以遊行啊！你覺得我該做什麼？」

「妳決定啊，因為是妳覺得很棒啊！」瑞明說。

「好吧，那我們來遊行。」

曼曼和瑞明兩個人開始遊行。他們高高地舉起雙腳，假裝他們正帶領著一個很大的樂隊。

「嗯，感覺不錯耶，當人家不聽我說話時，我不但不會覺得生氣，心裡還覺得很棒，這樣我的胃也不會不舒服了。」曼曼想。

你覺得曼曼接下來會做些什麼呢？
找人聊聊 ⋯⋯⋯⋯⋯⋯⋯⋯⋯⋯⋯⋯⋯⋯⋯⋯⋯⋯⋯⋯⋯ 第18頁
跟狗聊一聊 ⋯⋯⋯⋯⋯⋯⋯⋯⋯⋯⋯⋯⋯⋯⋯⋯⋯⋯⋯ 第24頁

找人聊聊

當曼曼到學校時，她把外套掛起來，然後跟老師說：「老師，我今天做了一件很特別的事哦！」

「真的啊，很棒啊，但是坐下來，」老師說：「現在上課鈴已經快要響了。」

「可是，老師，真的很重要耶，我……」就在這個時候，上課鈴聲打斷了她的話，老師並沒有用心聽她講話，曼曼垂頭喪氣地走回她的椅子旁。

「媽媽不在乎、老師也不在乎，連哥哥都說：『那也沒什麼了不起。』或許這一天真的沒有我想像中的那麼棒吧！」她心裡想。

「或許我應該把這件事情給忘了。」

然後，她又想起那隻鳥。那隻鳥好像在說：「再試試看、再試試看！」「我也可以像今天早上學著繫鞋帶那樣，再試著告訴別人吧，或許有效哦！」

你覺得曼曼接下來會怎麼做呢？

放棄⋯⋯⋯⋯⋯⋯⋯⋯⋯⋯⋯⋯⋯⋯⋯⋯⋯⋯⋯⋯⋯⋯⋯⋯第20頁

告訴別人⋯⋯⋯⋯⋯⋯⋯⋯⋯⋯⋯⋯⋯⋯⋯⋯⋯⋯⋯⋯第28頁

放棄

曼曼決定放棄了。「沒有人在乎啊！小鳥的建議根本不對，或許鳥根本不了解人的感覺吧！」

「根本沒有人在乎啊！」她想。「媽咪不在乎！哥哥不在乎！還有老師也不在乎！」

曼曼覺得很難過，她決定不要再告訴任何人她會繫鞋帶的事了。可是這個時候，她覺得自己的胃在翻攪，這種感覺真的很不舒服。

（結束）

你喜歡這個結果嗎？

如果想要改變，你可以回到第12頁，再加入一些新的想法。

畫圖

　　那天下午有美術課。「今天，」畫畫老師說：「我要你們畫一張自己的感覺。」

　　他解釋：「顏色、形狀有時候可以代表那張圖畫的感覺。」他拿了好幾張圖畫，然後問小朋友：「這張圖畫代表畫圖的人有什麼樣的感覺呢？」

　　他又說：「畫自己的感覺並沒有對或錯的方法，你就動手開始畫，然後看看會有什麼東西出現。」

　　曼曼畫了一個很大很紅的太陽，而且有一張微笑、橘紅色的臉，她在旁邊畫了一雙藍色的鞋子，上面有紅色的鞋帶。「嗯，不錯哦，我可以秀給媽媽還有哥哥看，或許他們就會注意到我的感覺了。」

你覺得曼曼接下來會怎麼做呢？

跟狗聊一聊 —————————————————————— 第24頁

告訴別人 ——————————————————————— 第28頁

跟狗聊一聊

「金捲兒、金捲兒！」她叫著。當她從學校回到家時，金捲兒馬上跑過來跳到她的身上。

她蹲下來抱牠一下。「你很高興看到我吧？」她問牠，金捲兒用舌頭好好地舔舔她。

「我想你是的。」她講。「金捲兒，我有個很令人興奮的消息要告訴你哦，今天早上是我自己繫的鞋帶耶，完全是我自己繫的喔！」曼曼很神氣地告訴金捲兒。

金捲兒搖著尾巴，而且一直跳起來舔她。

「我很棒對不對？你也替我感到很興奮對不對？」曼曼一直笑。在她的狗第三次舔她的時候，她站起來，然後說：「我真的很高興你在乎。」

那你覺得曼曼接下來會怎麼做呢？

做一個感覺盒

曼曼回到家之後決定要做一個感覺盒。她要把一些好的情緒放到那個盒子裡，而且在她心情好的時候把它們存起來。之後她可以再把它們拿出來看一看。

「嗯，第一，我需要一個盒子。」她想。她決定用那個裝石頭的盒子。但她想先把盒子外面塗上一層非常鮮艷的顏色，然後再把原先的石頭裝到別的盒子裡去。

等塗料一乾，她就開始在上面畫圖。那些圖畫可以提醒她做過的一些很棒的事和好心情的感覺。

接著，曼曼又在上面灑了一些金粉，還把在學校畫的那張紅太陽放到裡面。當曼曼完成的時候，她的姊姊絲琴過來問她：「妳在做什麼啊？」

「我在做一個感覺盒啊！我今天學會自己繫鞋帶了，我就畫了一張圖畫，而且把那個好棒的感覺放到這個盒子裡。當我難過的時候，我就可以把它拿出來看看。」曼曼解釋。

「嗯，這是個很棒的主意哦！」絲琴說。「就跟我的日記一樣，當我很難過的時候，我會去讀一些心情好的時候，在日記中寫的事情。」

你覺得曼曼接下來會怎麼做呢？

告訴別人 ⋯⋯⋯⋯⋯⋯⋯⋯⋯⋯⋯⋯⋯⋯⋯⋯⋯⋯⋯⋯⋯⋯⋯ 第28頁

給自己一個獎勵 ⋯⋯⋯⋯⋯⋯⋯⋯⋯⋯⋯⋯⋯⋯⋯⋯⋯⋯⋯ 第30頁

告訴別人

　　曼曼想要告訴別人。她想，或許有誰會喜歡聽她講她會繫鞋帶的事情。她決定要告訴爸爸。

　　當爸爸下班的時候，她跑到爸爸身邊說：「爸爸、爸爸，你猜今天發生什麼事了，真的是很特殊的一件事情哦！」

　　「嗯，真的嗎，那我猜看看妳有什麼事啊？」爸爸一邊說，一邊掛著他的外套：「貓咪生小貓了嗎，還是你撿到十塊錢？」

　　「沒有，比那件還要特別的事哦！」曼曼跳來跳去，興奮地說。

　　「比那個還特別啊，我放棄猜了，到底是什麼事啊？」

　　「我會自己繫鞋帶了。」她非常驕傲的宣稱。

　　「哇！好棒哦，嗯！我們可以來唱一首妳覺得很棒的歌。」爸爸建議。然後他們兩個就一起唱歌。

　　　　我覺得妳很棒、我覺得妳很棒，
　　　　也希望妳知道自己很棒。

（請翻到第30頁。）

給自己一個獎勵

曼曼決定自己獎賞自己。她想要一個又大又圓，而且上面有一個藍色絲帶的獎牌。

她把紙和麥克筆拿了出來，她畫了一個大圈圈，但不是很圓，她又畫了一次，可是還是不夠圓。

「或許我可以找個東西來幫忙。」她自言自語地說。她跑到廚房去，拿了一個小碟子，然後沿著碟子邊邊畫了一個圓。

「耶，好棒哦。」她看著那個大圈圈。「現在我可以做一個獎牌給自己了。」她又開始在圈圈上面畫圖。

她在圈圈中塗上黃色，上面加上了藍色的絲帶，她又去問別人怎麼寫「我很棒」的字，她的媽媽寫在一張紙條上給她。

曼曼照著那張紙條把字寫在她的獎牌上面，且看著那個獎牌，這就是她想要的。她把獎牌貼在衣服上面，然後走到鏡子前。

「嗯！看起來好棒哦！」她說。她覺得自己很棒，雖然別人不覺得怎麼樣，她還是覺得自己很棒，而且她也覺得她的獎牌做得很棒。

（結束）

想法攔

曼曼的想法

- ✔ 問問別人的意見
- ✔ 遊行
- ✔ 找人聊聊
- ✔ 放棄
- ✔ 畫一張圖畫
- ✔ 跟狗聊一聊
- ✔ 做一個感覺盒
- ✔ 告訴別人
- ✔ 給自己一個獎勵

你的想法

🖉 _____

🖉 _____

🖉 _____

🖉 _____

🖉 _____

🖉 _____

🖉 _____

🖉 _____

🖉 _____

🖉 _____

🖉 _____

🖉 _____

🖉 _____

🖉 _____

🖉 _____

兒童情緒管理系列 52010

我好得意

^^^

作　　　者：Elizabeth Crary
插　　　畫：Jean Whitney
譯　　　者：林玫君
總　編　輯：林敬堯
發　行　人：洪有義
出　版　者：心理出版社股份有限公司
地　　　址：231 新北市新店區光明街 288 號 7 樓
電　　　話：(02) 29150566
傳　　　真：(02) 29152928
郵撥帳號：19293172　心理出版社股份有限公司
網　　　址：http://www.psy.com.tw
電子信箱：psychoco@ms15.hinet.net
駐美代表：Lisa Wu（lisawu99@optonline.net）
排　版　者：博創印藝文化事業有限公司
印　刷　者：博創印藝文化事業有限公司
初版一刷：2003 年 1 月
初版十三刷：2019 年 5 月
Ｉ Ｓ Ｂ Ｎ：978-957-702-549-4（全套）
定　　　價：新台幣 650 元（全套六冊，不分售）

^^^

解決社會問題……

兒童問題解決系列　教導兒童思考他們所遇到的問題。每個互動性的故事可讓讀者選擇主角的行動，並且知道結果為何。適用年齡為三至八歲。

本系列由 Elizabeth Crary 撰寫，Marina Megale 繪圖，林玫君翻譯。

52021 美美和咪咪都想玩小貨車

52022 小珍不喜歡被小迪叫笨蛋

52023 宗凱不想一個人玩，他想和別人一起玩

52024 修文的媽媽準備要出門，他感到難過又害怕

52025 琪美正在玩跳跳床，小志也想玩，他等不及了！

52026 佳佳和爸爸在動物園走失了，她很擔心找不到爸爸

應付強烈的情緒……

兒童情緒解決系列 介紹六種強烈的情緒。孩子可以從書中發現安全且具有創造性的方式來表達這些情緒。每個互動性的故事可讓讀者選擇主角的行動,並且知道結果為何。適用年齡為三至九歲。

本系列由 Elizabeth Crary 撰寫,Jean Whitney 繪圖,林玫君翻譯。

52011 我好生氣

52012 我好沮喪

52013 我好得意

52014 我好害怕

52015 我好興奮

52016 我好氣憤

解決人際關係的困擾……

兒童自己做決定系列　教導兒童去思考他們和其他兒童相處時可能遇到的問題。每個互動性的故事都可讓讀者選擇主角的行動，並且知道結果為何。適用年齡為五至十歲。本系列由 Elizabeth Crary 撰寫，Susan Avishai 繪圖，林玫君翻譯。

52031　有人偷了心怡的醃黃瓜，她該怎麼辦呢？

52032　小威需要安靜，他的妹妹想要玩——現在，他該怎麼辦？

52033　芳芳的一個同學總是從她頭上搶走她的帽子，她該怎麼辦？

52005　在幼稚園的感受：進森的一天

　　讓我們跟著進森走入他的幼稚園，去體驗一個四歲大的孩子，在學校一天生活中可能發生的狀況與感受，包含生氣、驕傲、及各種複雜的心情。透過老師的幫忙，進森慢慢練習用言語來表達他的感受。老師可以試著拿進森的例子和幼兒討論他們的感覺。在學前的階段，如何妥善表達及處理自己的感覺是非常重要的學習經驗。

　　本書由 Susan Conlin 與 Susan Levine Friedman 撰寫，M. Kathryn Smith 繪圖，林玫君翻譯。